AF231647

LE LIVRE
D'IMAGES

ALPHABET

POUR

PETITES FILLES

BIBLIOTHÈQUE NATIONALE R.F. IMPRIMÉS

PARIS

LIBRAIRIE THÉODORE LEFÈVRE ET Cie

ÉMILE GUÉRIN, ÉDITEUR

2, RUE DES POITEVINS

A B C D E
F G H I J
K L M N O
P Q R S T
U V X Y Z

1 2 3 4 5
6 7 8 9 0

a b c d e
f g h i j k
l m n o p
q r s t u 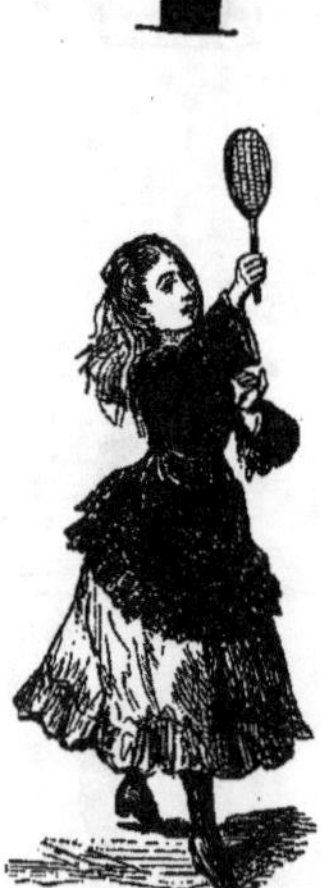
v x y z

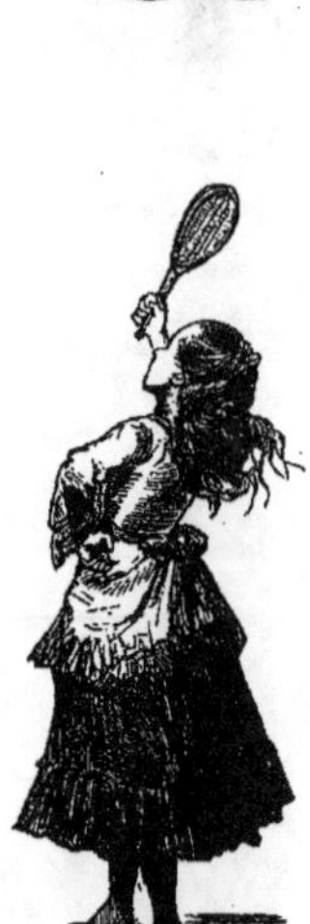

VOYELLES

a, e, i, o, u

A a
AL-LU-
MET-TES

B b
BOU-QUE-
TI-ÈRE

C c
CO-QUET-TE

D d

DI-NET-TE

E e

EF-FROI

F f

FLEURS

G g

GOUR-MAN-DE

H h

HAIE

I i

I-MA-GE

J j

JEU

K k

KA-KA-TO-ÈS

L l

LA-VEU-SES

M m

MAN-CHON

N n

NID

O o

OM-BREL-LE

P p PEUR

Q q QUE-REL-LE

R r ROU-ET

S s

SAL-TIM-BAN-QUE

T t

TA-PIS-SE-RIE

U u

US-TEN-SI-LES

V V

VA-GUE

Z Z

ZOU-A-VE

SYLLABES

a	ba	ca	da	fa	*ga*
e	be	*ce*	de	fe	ge
i	bi	*ci*	di	fi	gi
o	bo	co	do	fo	go

a ja ka la ma na
e he je le me ne
i hi ji li mi ni
o ho jo po ro so
u ju pu ru su tu
a pa ra sa ta va
e pe re se te ve
vo vi
be to
bo su
da fu
na ki
su tu

Faire remarquer à l'enfant les diverses consonnances du c et du g devant les voyelles a, o, u.

pa-ri		pi-le
ri-ve		vi-te
pi-pe		fi-xe
do-do		ra-ce
co-ke		lu-xe
jo-li		ca-le
pa-pe		mi-te
da-me		ra-me
li-me		mi-re
ci-me		la-me
ca-ve	sa-von-na-ge	pa-pa

sa-von-na-ge

ti-ra-ge	na-tu-re	fu-ti-le
ra-ci-ne	ha-bi-le	la-va-ge
ce-ri-se	pa-na-de	fa-mi-ne
na-vi-re	ci-ra-ge	ra-pa-ce
gi-ra-fe	ju-ju-be	ma-la-de
pi-lu-le	ca-ba-ne	ba-di-ne
fa-ci-le	pa-ro-le	fa-ri-ne
sa-la-de	ri-va-ge	vi-sa-ge
pi-lo-te	ca-po-te	ti-sa-ne

La ba-di-ne de pa-pa.
A-li-ne a vu sa mè-re.
Il a sa-li sa ro-be.
Le lo-to de la pe-ti-te A-dè-le.
Cé-li-ne a a-bî-mé sa ca-po-te.
Lu-ci-le a vu u-ne gi-ra-fe.
Pa-pa a fu-mé le ci-ga-re.
La ca-ba-ne de la pe-ti-te Lu-ce.
Le ma-la-de a bu de la ti-sa-ne.
Le na-vi-re se-ra je-té à la cô-te.
Me-na-ce-le de ta co-lè-re.
Ho-no-ri-ne va li-re sa pa-ge.
Le pa-va-ge a é-té a-bî-mé.
I-si-do-re se-ra vi-te le-vé.

La petite Marie était bonne
et charitable, elle aimait à faire
du bien aux pauvres. Son plus
grand plaisir était d'aller avec
sa bonne porter un panier rem-
pli de provisions à une mal-
heureuse famille ruinée par un
incendie. Presque tous les jours
elle mettait son dessert de côté
afin de le porter aux enfants
de ces pauvres gens.

www.ingramcontent.com/pod-product-compliance
Lightning Source LLC
LaVergne TN
LVHW010252060726
842527LV00007B/2762